L'IMPOT D'UN SOU

TOUT LE MONDE RENTIER

524 francs de RENTE par Tête

TOUTE LA DETTE DE L'ÉTAT

DANS LES MAINS

DES TRAVAILLEURS

SON AMORTISSEMENT

PARIS

IMPRIMERIE DE DUBUISSON ET Cᵉ

5, RUE COQ-HÉRON, 5

1872

A MESSIEURS LES MEMBRES DES SYNDICATS

DES

SOCIÉTÉS OUVRIÈRES

Janvier 1872.

MESSIEURS,

L'hiver passé, j'ai développé devant quelques personnes l'idée qu'on devrait, pour le moins, traiter les
travailleurs comme on traite les chevaux d'omnibus;
pour ces animaux, quand ils commencent à travailler, on prélève sur le produit de leur travail de chaque jour une certaine somme calculée de manière à
ce qu'au moment où ils sont usés, alors qu'ils **ne**
peuvent plus rendre les services ou le travail qu'on

attend d'eux, cette somme soit suffisante pour les remplacer par l'achat d'un autre cheval.

Le travailleur, homme ou femme, ne s'achète plus: l'esclavage a été banni de notre société; mais le travailleur s'use encore, comme le cheval.

Je disais qu'il serait juste de faire entrer dans les frais généraux de toute entreprise, de tout travail quelconque, une somme d'amortissement suffisante, non pour acheter un travailleur en remplacement de celui usé, mais pour le faire vivre plus doucement alors qu'il ne peut plus travailler.

Un jour de l'été passé, je parlais de cette idée devant un ami, Lemercier, qui a commencé sa carrière il y a une cinquantaine d'années par être ouvrier; il a créé, fondé, le plus bel et le plus important établissement d'imprimerie lithographique qui existe en Europe, à la tête duquel il est encore aujourd'hui, dirigeant deux cents personnes qui y sont occupées.

Il s'est trouvé que, depuis plusieurs années, il était préoccupé d'une idée analogue.

Encouragé par un homme aussi pratique, qui s'était élevé par son caractère et par son travail nonseulement à la fortune, mais aussi aux honneurs et à l'éducation, qui lui avait, hélas! manqué comme à tant d'autres; je le connaissais juste, loyal et je le savais non-seulement très-intelligent, mais plein d'un sens droit, qui voit tout de suite le côté pratique d'une affaire; je lui demandai d'en conférer ensemble, et c'est à la suite de plusieurs conversations avec lui, que je les ai fondues et amalgamées, en leur donnant un caractère de généralité qu'elles n'avaient pas primitivement.

Alors ce travail lui fut soum's, ainsi qu'à son associé et son ami, M. Jules Basset, ancien juge au Tribunal de commerce, qui, à une probité des plus sévères, joint une grande expérience des affaires et des hommes, des ouvriers et des patrons. La combinaison leur a paru praticable et utile; et leur avis a été qu'elle n'était réalisable que par un impôt payé par le patron, impôt qui entrerait dans les frais généraux, comme la patente; qu'il était nécessaire et qu'il fallait sauvegarder la dignité du travailleur, non-seulement pour ce dernier, mais encore dans l'intérét de sa moralité, qu'il fallait élever, en lui créant un droit à une pension, pour qu'il comprenne bien que ce n'est ni un secours, ni une aumône qu'on lui fait ou qu'on lui donne.

Et que d'ailleurs, par l'impôt, tous les Français riches ou pauvres, ayant les mêmes droits à une pension, elle ne pouvait ni humilier, ni blesser personne.

Cette idée fut admise : telle a été la filiation du projet ou de la combinaison suivante, que je soumets au public.

Il s'agit d'assurer, à tout homme et à toute femme de France qui arrivent à l'âge de 57 ans une pension viagère, payable par trimestre c mme les rentes sur l'Etat.

Et, en même temps, d'éteindre en peu d'années la dette effroyable qui pèse si lourdement sur la France et sur son travail.

Le capital de cette rente serait produit par un impôt d'un sou par jour, payé, par le patron, pour chaque ouvrier ou apprenti qu'il emploie chez lui, depuis l'âge de 14 ans jusqu'à 60. — Celui qui travaillerait pour son compte, tout seul, serait son travailleur à lui-même, et il paierait son sou par jour; les domestiques sont considérés comme des travailleurs, et de même les patrons qui travaillent pour eux-mêmes.

De manière que personne n'étant exempté, tout le monde ait droit à la pension, M. Thiers, comme M. de Rothschild, comme le dernier des mendiants.

Le produit de cet impôt serait employé à acheter des rentes sur l'Etat, qui seraient immobilisées et dont les intérêts des intérêts seraient accumulés pendant 42 ans, pour les versements commencés à l'âge de 14 ans; et pour les autres, pendant un nombre proportionnel d'années.

La rente viagère à laquelle auraient droit ceux pour lesquels 42 versements auraient été faits arrivant à 57 ans, serait de 524 francs par année, en bénéficiant des versements faits par les décédés, soit par journée 1 fr. 43 c.

Pour les autres, la rente serait en rapport avec le nombre de versements annuels qui auraient été faits lors de la liquidation de la pension.

Ainsi, celui arrivé à l'âge de 15 ans, pour lequel on aurait fait un versement de 18 fr. 25 c. le 1er janvier 1872, aurait droit à une rente de 524 fr. l'an 1914, époque où il arriverait à l'âge de 57 ans, et 42 annuités auraient été payées, soit une somme de 766 fr. 50 c. par tête vivante de 14 à 57 ans.

Mais, en réalité, c'est la minime somme de 18 fr. 25, versée par toutes les personnes de 14 à 15 ans, qui représente le capital de la rente de 524 fr. augmenté des intérêts des intérêts accumulés, en bénéficiant des sommes versées par les décédés pendant la période de 14 à 57 ans.

Cet avantage, qui parait extraordinaire, provient de deux faits :

1° Pour le premier versement fait à 14 ans, il y a 21,625,700 habitants pour lesquels on paie un sou.

2° Pour en recevoir le profit, à l'âge de 57 ans, il n'y a plus que 301,000 habitants survivants qui participent à la pension donnée par le premier versement.

L'explication est bien simple :

Si on divise le versement fait de 14 à 15 ans, qui est de 394,660,000 fr. par 301,000, nombre des survivants à l'âge de 57 ans, qui bénéficient des versements faits par les décédés, on aura le résultat suivant : 1,310 fr. 96 c. qui auraient été primitivement versés pour chacune de ces 301,000 têtes.

Or, 1.310 fr. 96 centimes en 1872 donnent pour les intérêts composés :

2.621 fr. 92 en 1786, à l'âge de 29 ans ;

5.243 fr. 84 en 1900, à l'âge de 43 ans ;

10.487 fr. 68 en 1914, à l'âge de 57 ans, époque de la liquidation de la pension.

Cette somme de 10.487 fr. 68 centimes à 5 p. 0/0 produit une rente de 524 fr. 33. C'est la pension que nous avons indiquée.

Et, comme les survivants bénéficient des versements faits par les décédés, l'État, qui survit à tous, bénéficie de toutes les rentes des morts, rentes qui s'éteignent avec la vie (1).

Il reste à examiner qui administrerait et contrôlerait les sommes produites par cet impôt.

On pourrait en charger un syndicat pour chaque corps de métier, nommé à l'élection par les intéressés; dans les villages, ce pourrait être le conseil municipal; les membres des syndicats de chaque département nommeraient une commission départementale, qui centraliserait et contrôlerait le service de cet

----

(1) Il y a des métiers qui usent plus vite les travailleurs que d'autres; dans ce cas, le travailleur pourrait payer une prime d'assurance soit à l'État soit à une C° d'assurance, pour parfaire sa pension, ou même l'augmenter; lorsqu'il demanderait à la tontine générale la liquidation de sa rente, qui serait calculée sur les versements faits combinés avec les survivants restant à l'âge où cette liquidation serait demandée. La même faculté de s'assurer est un droit que possède tout travailleur, s'il veut augmenter sa rente.

Pour les blessés, pour ceux réduits à ne pouvoir plus travailler, la pension serait liquidée et calculée de la même manière ; mais cependant elle ne pourrait jamais être au-dessous de cent francs.

Ce serait un minimun. Mais chaque corps de métier pourrait, par une assurance mutuelle, prévoir le cas d'incapacité de travail avant l'âge de 57 ans.

impôt au département; et ces commissions départementales nommeraient des directeurs à Paris.

L'important, c'est que le gouvernement ne puisse mettre la main sur le produit de cet impôt; on sait trop ce que l'empire a fait de la caisse de la dotation de l'armée et de l'argent qu'elle contenait; on sait aussi ce que tous les gouvernements ont fait de l'argent des caisses d'épargnes.

Dans le temps de défaillance morale et de banqueroute où nous vivons, on ne peut avoir confiance qu'aux faits; on ne peut pas se payer de paroles, ni se contenter d'espérances; il faut immédiatement des résultats; dès la première année écoulée, il faut liquider des rentes et ainsi de suite, d'année en année, de manière à ce qu'un nombre d'habitants, de plus en plus considérable, profite de la pension,

Pour commencer, les versements pourraient être faits pour les travailleurs jusqu'à 75 ans. Celui n'ayant fait qu'un versement de 74 à 75 ans aurait sa pension liquidée sans tenir compte de l'intérêt; elle serait d'un minimum de 12 francs par année, jusqu'à l'âge où le nombre des versements faits puisse donner cette somme.

Les rentes ne s'éteindraient pas avec les bénéficiaires; elles serviraient à augmenter la retraite de ceux qui arriveraient à la pension, jusqu'à concurrence de la somme de 100 francs par année, — alors, seulement, le capital afférent à la rente s'éteindrait avec le décès du titulaire.

Je laisse à la discussion le soin de modifier, de

compléter et d'ajouter ce qui manque à ce projet, ou de rectifier ses erreurs.

Et c'est aux travailleurs, qui sont les plus intéressés dans cette question, que je m'adresse.

Ceci entendu, je passe au projet que je vous soumets.

Nous supposons à la France 35 millions d'habitants.

C'est environ 2 millions de moins qu'elle en possède réellement.

Ce qui me détermine à adopter ce nombre, c'est l'annuaire du bureau des longitudes de l'année 1863, que j'ai sous la main, et qui donne toute la population de la France calculée par âge pour 34,860,337 habitants et 970,000 naissances.

Comme la France a 37 millions d'habitants, aujourd'hui 1872, le résultat sera le même, sensiblement, mais dans le rapport de 35 à 37 ; les recettes, avec 37 millions d'habitants, seront plus fortes ; la dette de la France sera plus vite absorbée, voilà tout.

L'annuaire du bureau des longitudes précité, nous donne :

35 millions d'habitants en nombre rond savoir :

	habitants.
1° Au-dessous de 14 ans pour lesquels il ne sera rien payé......	9.871.560
2° Au-dessus de 60 ans, qui recevront une pension annuelle et viagère, et qui ne contribueront pas	3.502.740
3° Entre 14 et 60 ans pour lesquels il sera payé un sou par jour,....	21.625.700
Ensemble.........	35.000.000

Pour la capitalisation du sou, j'ai pris des périodes moyennes, ce qui donnera quelques variantes dans les résultats, mais peu sensibles ; pour donner un tableau rigoureusement exact pour chaque âge, il faudrait plus de huit mille calculs, que je n'avais ni le temps ni la volonté de faire, et que d'ailleurs il sera toujours temps de calculer, si l'idée est juste et si on est disposé à la mettre en pratique.

Pour le moment, je vais poser des chiffres que chacun pourra vérifier facilement.

Un sou par jour fait, pour chaque travailleur, 18 fr. 25 c. pour les 365 jours de l'année. 21,625,700 personnes de 14 à 60 ans, pour lesquelles on versera un sou par jour, donneront par année une somme de 394,669,000 fr.

Cette somme annuelle sera employée à acheter de la rente sur l'État ; les intérêts des intérêts en seront accumulés, et ces rentes seront immobilisées dans une caisse.

On sait que tous les 13 ans 1/2, un capital quelconque est doublé par les intérêts des intérêts accumulés.

J'ai pris la période de 14 ans pour ce doublement. par conséquent la rente sera inférieure à ce qu'elle devrait être en réalité ; j'ai considéré qu'il y aurait nécessairement des frais, des dépenses à payer : cette demi-année en plus y pourvoira.

Si toute personne, ayant atteint quinze ans le 1er janvier 1872 avait produit son sou, comme nous venons de le dire, on aurait les chiffres suivants :

TABLEAU DE L'IMPOT DU SOU

AVEC LES INTÉRÊTS ACCUMULÉS

				Francs.		Francs.		Francs.		Francs
· 1er janv. 1872	Age, 15 ans.			394,669,000	1873	394,669,000	1874	394,669,000	1875	394,669,000
— 1886	— 29 —			789,338,000	1887	789,338,000	1888	789,338,000	1889	789.338,000
— 1900	— 43 —			1,578,676 000	1901	1,578,676,000	1902	1,578,676,000	1903	1,578,676,000
— 1914	— 57 —			3,157,352,000	1915	3,157,352,000	1916	3,157,352,000	1917	3.157,352,000
— 1928	— 71 —			6,314,704,000	1929	6,314,704,000	1930	6,314,704,000	1931	6,314,704,000
— 1942	— 85 —			12,629 408,000	1943	12,629,408,000	1944	12.629,408,000	1945	12,629.408,000

Il est inutile de prolonger plus loin ce tableau ; on y voit que de 1872 jusqu'à l'année 1945, c'est-à-dire en 73 années, le travail, en versant un sou par jour et par travailleur, comme nous l'avons dit, aurait produit par les intérêts des intérêts accumulés, de ce sou par jour, quatre fois la fabuleuse somme de *douze mille six cent vingt neuf millions*, pour seulement *quatre années* de versements, du 1er janvier 1871 au 31 décembre 1875.

Soit, *cinquante milliards cinq cent seize millions* de francs (50,516.000,000 fr.).

C'est une somme deux fois plus forte que la dette de la France lorsqu'elle aura payé les Prussiens.

Nous avons poussé notre tableau jusqu'à 73 ans, de 1872 à 1945, pour montrer la puissance des intérêts accumulés, mais nous arrêtons leur capitalisation au 42e versement accompli à la fin de 1914; alors le travailleur a atteint l'âge de 57 ans, la pension est liquidée et il la touche tous les trimestres; mais il continue d'être versé pour lui jusqu'à 60 ans.

Au 42e versement effectué, le capital accumulé monte à la somme de 3.157.352.000 fr. donnant, à 5 p. 0/0, 157.887.600 fr., qui doivent être partagés entre tous les survivants qui atteignent 57 ans — et chaque année qui suit amènera le même résultat.

En France, il y a, tous les ans, 301,000 habitants arrivant à cet âge; c'est donc une somme de 157.887.600 fr. à partager entre 301,000 têtes.

Le résultat est une rente de 524 fr. pour chaque survivant, comme nous l'avons dit, et, à mesure du décès de ces pensionnaires, la dette afférente à leur rente *s'éteint.*

Avant la fin du siècle, dans seulement 28 années, au plus, toute la dette de l'État serait absorbée et dans les mains des travailleurs.

Il y aurait en France une population de 4,653,166 habitants, absorbant comme rente une somme de 1.973.941.384 fr., de l'âge de 57 à 99 ans, sur une population de 35 millions d'habitants.

C'est environ un rentier par sept têtes.

Quel crédit un pareil amortissement donnerait à notre pays! quelle garantie de moralité, de sécurité! et quelle assurance cela donnerait contre les bouleversements politiques qui ne sont que des revendications, plus ou moins bien comprises, d'intérêts lésés.

Supposons cet impôt du sou organisé en France, comme nous venons de le dire, que deviendraient Bismarck et son César, avec leur système féodal?

Que vaudrait le gouvernement oligarchique de l'Angleterre, où le travailleur ne peut arriver à la propriété ?

La France n'aurait plus de pauvres, et elle aurait *un rentier par sept habitants*, les enfants étant comptés.

Peut-on espérer que l'Assemblée de Versailles adopterait l'impôt *du sou ?* je ne le pense pas. Composée en grande partie de privilégiés, cette assemblée est monarchique, parce que seul un souverain,

maître du pays, qui possède le privilége le plus
exorbitant, lui et sa famille, peut garantir à ses
membres la durée des priviléges dont ils jouissent.

Et, assurément, ce n'est pas l'Assemblée de Versailles, qui a refusé l'impôt sur le revenu, qui con-
sentira jamais à émanciper les travailleurs, à leur
faciliter l'acquisition de l'indépendance par le capital
ou par la rente, en accumulant dans leurs mains des
ressources qui assureraient cette indépendance d'une
manière efficace.

Que deviendraient leurs priviléges et ceux de leurs
enfants?

Si l'idée est juste, si la combinaison est praticable,
il faut en demander la mise en pratique; l'Assemblée
de Versailles n'est pas éternelle, et si elle la repousse,
elle nous donnera un puissant moyen d'action contre
elle, auprès des cultivateurs, jusqu'ici si réfractaires
à la république, qu'on leur a dit être contraire à leurs
intérêts.

Du jour où les paysans comprendront que les monarchistes se sont opposés et ne veulent pas que la
république leur assure une rente viagère de 524 fr.
par année, ils seront bien vite républicains et nous
débarrasseront tôt des monarchistes de toutes cou-
leurs; on peut s'en rapporter à eux dans le cas dont
nous venons de parler.

Telle est, Messieurs, l'idée que je soumets à vos
discussions; je crois qu'il est inutile ici de faire res-
sortir les avantages généraux que ce projet mis en
pratique présenterait; je pense que les travailleurs

et l'État y trouveraient des avantages considérables ;
et que notre belle France en recevrait une force, une
puissance d'expansion et un éclat inconnu jusqu'à ce
jour.

Si vous pensez avoir besoin d'éclarcissements, je
me tiens à vos ordres.

J'ai l'honneur, Messieurs, de vous présenter mes
civilités et mes sympathies fraternelles.

L. BOUFFARD,

93, rue Legendre, Paris-Batignolles.

Paris. — Imp. Dubuisson et C°, rue Coq Héron, 5. — 6161